MW01673429

プラントベースの食事クックブック

植物ベースの食事の初心者のための100の

簡単でおいしいレシピ

直子 小林

目次

前書き

プラントベースとして知られるプラントベースの食事は、食品は植物性食品の品質に焦点を当てるべきであり、これらを利用して、食事から動物性食品を完全に排除することなく動物性食品の消費を減らすことができると主張しています.

この食事には、果物や野菜だけでなく、ナッツ、種子、油、全粒穀物 (穀物、豆、レンズ豆、エンドウ豆などのマメ科植物)や野菜も含まれ、常に穀物やシリアルなどの全粒食品を好みます。 、例えばご飯やパン。これは、あなたが菜食主義者や完全菜食主義者になり、動物性食品を一切食べないという意味ではありません. 代わりに、植物源から比例してより多くの食物を選択します.

食べ方を知ることは、選び方を知ること

私たちは今日、私たちの健康の大部分が食べ物に依存していることを知っています.

雑食性、ベジタリアン、ビーガンのいずれにおいても、最も多様な当局によって健康的であると考えられているアプローチがいくつかありますが、必須栄養素が不足しないように注意を払っています.

より多くの野菜を含む食事を実践するための実践的な戦略:

• 野菜の摂取量を増やす: ランチとディナーでプレートの半分を野菜で満たします。野菜を選ぶときは、たくさんの色を含めるようにしてください。ニンジンスティック、キュウリスティック、フムスやワカモレを添えたチェリートマトなどのスナックとして野菜をお楽しみください. 野菜の数を増やす方法として、定期的にスープを食事に加えてください。サラダを頻繁に食べる：レタス、ほうれん草、フダンソウ、クレソンなどのサラダグリーンをボウルに入れます。次に、新鮮なハーブ、豆、エンドウ豆、豆腐などと一緒に他のさまざまな野菜を追加します。

• 良質な脂肪を選ぶ: オリーブオイル、オリーブ、油分を含んだ果物 (ナッツ、アーモンド、ヘーゼルナッツなど) に含まれる脂肪と、それらのバター、種子、アボカドは、
特に健康的な選択;

• 少なくとも週に 1 晩は菜食主義の食事を作る：全粒穀物、豆類、野菜を中心にこれらの食事を作ります。

- 朝食に全粒穀物を取り入れましょう。オート麦、キノア、ソバから始めましょう。次に、新鮮な果物と一緒に、油性の果物または種子（ヒマワリ、チアなど）を追加します。

- 野菜を選んで変化させる: ケール、フダンソウ、ほうれん草、その他の野菜など、さまざまな緑の葉野菜を毎日試してください。風味と栄養素を保つために、蒸したり、焼いたり、煮込んだりします。

- パラダイムを変える: 果物、野菜、塊茎、豆類、穀類、油糧種子、種子...「パラダイム」のこの変化は、それらが最も自然な形で消費されるべきであるため、主な役割を担うことを求めています。、ダイエットの元の名前が示すように、より完全で加工されていない：**Whole Food Plant Based Diet** -または「全植物性食品に基づく食事」.

朝食のレシピ

1. 冷やしたラズベリーまたはブルーベリーのジャム

材料

- 約のため。4 グラス、200 ml:
- ラズベリーまたはブルーベリー 500g
- グラニュー糖 250g
- レモン 1 個
- 水 大さじ 4
- 小さじ 1 杯のクエン酸（レベルスプーン）
- 小さじ 1 杯の寒天（レベルスプーン）の準備

1. ラズベリーまたはブルーベリージャムを冷やしてかき混ぜた場合は、ベリーを砂糖とレモン汁でマリネし、砂糖が完全に溶けるまで約 30 分間ミキサー (生地フック) でゆっくりとかき混ぜます。
2. 寒天と冷水を混ぜ、ベリーの果肉を少し加えて沸騰させ、少し冷まして残りのジャムに加えます。
3. 必要に応じて、充填する前にふるいを通してジャムを濾すことができます (穀粒のため)。
4. ジャムは冷蔵庫で約 1 日保存できます。賞味期限は 2 週間、開封後はお早めにお召し上がりください。

2.ヘンプシード入りリングロッテンシェイク

材料

- バターミルク 500ml

- 1個。マンゴー
- カール 1 握り
- ヘンプシード 小さじ 2 杯
- 小さじ 1 杯のチアを一緒に準備

1. Ringlotten Shake の場合、マンゴーの皮をむき、果肉と芯を分けます。リングはんだを芯抜きします。2 つのカールを取っておきます。
2. すべてをブレンダーに入れ、よくピューレにします。チアシードを混ぜます。グラス 2 杯に注ぎ、ヘンプシードをふりかけます。各グラスから芯を取り除き、ストローの上に置いて、サーブしてお楽しみください。

3.ハーブシェイク

材料

- ハーブ 150g
- 牛乳 400ml
- グマソースクリーム 400ml
- オリーブオイル 大さじ 2
- ライム 1 個（プレスジュース）
- バルサミコ酢（白） 大さじ 1
- 塩
- グラインダーからのコショウ）

準備

1. ハーブシェイクは、まずすべての材料をミキサーでよく混ぜます。冷やしたグラスに注ぎ、ストローでお召し上がりください。

4.ココスシェイク

材料

- ココナッツミルク 500ml
- 150 g ココナッツ パルプ (生、すりおろしたもの)
- いくつかのアガベシロップ
- 角氷（または砕いた氷）
- 16 サイサリス
- ココナツの群れの準備

2. ココナッツ シェイクの場合は、まずココナッツ ミルク、すりおろしたココナッツ パルプ、少量のアガベ シロップ、十分な量の角氷をブレンダーに入れます。

すべてを最高速度で一緒にピューレにします。

3. ココナッツシェイクで瓶を満たし、ココナッツをふりかけ、サイサリスを添えます。

5. バナナヌテラシェイク

材料

- ミルク 500ml
- 1 バナナ
- 1 ヌテラ
- ハニー

準備

1. バナナとヌテラのシェイクは、まずバナナの皮をむき、細かく砕いてボウルに入れます。

2. ヌテラと少量の牛乳を注ぎ、よく混ぜます。次にバニラシュガーと残りの牛乳を加えてよく混ぜます。
3. よく冷やした背の高いグラスに入れたバナナとヌテラのシェイクをテーブルに持ってきます。

6.ビタミンシェイク

材料

- キウイ 2 個
- 1/2 オレンジ
- 1 個。バナナ
- 大豆飲料 200ml
- 大さじ 1 チアシードの準備

1. ビタミンシェイク用に、キウイフルーツを半分に切り、スプーンで果肉を取り除き、オレンジとバナナを一口大に切り、大豆飲料とチアシードをブレンダーでピューレにします。

7. フレッシュパイナップルの豆乳

材料

- 水 1 1/2 リットル
- 大豆 90g（黄または白、12 時間以上水に浸しておく）
- パイナップル（生） 120g
- ひまわり油（コールドプレス） 大さじ 1
- 砂糖調合 90g

2. フレッシュパイナップル入り豆乳は、すべての材料を鍋で煮て、蓋をして 40 分煮込みます。

3. 少し冷まし、スタンドミキサーに移し、均一な塊になるまで 5 分間処理します。ふるいにかけます。そして、フレッシュパイナップル入り豆乳の出来上がりです。

8.いちごとほうれん草のスムージー

材料

- バナナ 2 本
- いちご 400g
- 牛乳 100ml
- レモン汁 大さじ 1
- ほうれん草の準備 20g

1. バナナの皮をむき、いちごを洗い、ヘタを取り除く。
2. 残りの材料と一緒にピューレにします。
3. スムージーをグラスに注ぎ、冷やして、またはそのままお召し上がりください。

9. フランケンシュタイン アボカドトースト

成分

- 全粒粉食パン 4 枚
- アボカド 1 個、半分に切って種を取り除く
- レモン汁 大さじ 1
- 小さじ½ガーリックパウダー
- ひとつまみの海塩

装飾成分

- 海苔 1 枚またはダークレタス 1 枚
- 黒豆
- 唐辛子の輪切り

- メキシクレマドレッシング

準備

1. トースターまたはオーブントースターでパン。
2. パンをトーストしている間に、アボカドをボウルに入れます。
3. レモン汁、ガーリック パウダー、塩を加え、フォークまたはポテト マッシャーですりこみます。
4. 海苔またはダークレタスを切り落として髪を作ります。
5. フランケントーストにのりやレタスで髪を、目は黒豆で、口はピーマンで、顔の枠はドレッシングで飾ります。

10. 朝食に素早く簡単に作れるオートミール

成分

- クイックオートミール ½カップ
- ½ - ⅔カップのお湯または冷水
- 植物性ミルク ½カップ
- マキベリーパウダーまたはアサイーパウダー 小さじ 1（お好みで）
- 新鮮なブドウまたはベリー 1/2 カップ
- バナナ（お好みでバナナ丸ごと）
- クルミ
- 種

準備

1. オートミールと水をボウルに入れ、数分間浸します。
2. バナナとブドウまたはベリーをお好みでカットし、オートミールに加えます。
3. オートミールと果物に野菜ミルクを注ぎます。
4. ナッツ、種、粉末マキベリーまたはアサイーパウダーで覆います。クルミとヘンプシードを使用しています。

11. サツマイモとブルーベリーのアーモンドバタートースト

成分

- さつまいも 1 個（厚さ 0.5cm にスライス）
- ¼カップのアーモンドバター
- ブルーベリー ½カップ

準備

- オーブンを 350-360 ° F (177 ° C) に予熱します。
- サツマイモのスライスをベーキングペーパーの上に置きます。柔らかくなるまで約 20 分焼きます

- 温めてサーブし、ピーナッツバターとクランベリーでコーティングします。残ったサツマイモのスライスは、ドレッシングを付けずに密閉容器に入れて冷蔵庫で 1 週間保管します。トースターまたはオーブントースターで再加熱し、指示に従って蓋をします。

12. ボウルに入ったトロピカルスムージー

成分

- 冷凍マンゴー 2 カップ
- 冷凍パイナップル 1/2 カップ
- 冷凍バナナ 1 本
- 植物性ミルク $\frac{1}{2}$〜1 カップ
- お好みの刻んだナッツ 大さじ 2
- お好みの刻んだフルーツ$\frac{1}{4}$カップ

追加広告

- 亜麻仁粉 大さじ 1
- ココナッツ片 大さじ 1½

準備

1. マンゴー、パイナップル、バナナ、ベジタブル ミルク (1 カップで薄め、1/2 カップで濃くする) をブレンダーに入れ、滑らかな混合物になるまですべてを混ぜます。
2. スムージーをボウルに入れ、ナッツとフルーツで覆います。

13.野菜で味付けしたオートミール

成分

- 4 カップの水
- 2 カップの「カット」オートミール (クイッククッキング スチールカット オート麦)
- イタリアンスパイス 小さじ 1
- ハーブマーレまたは海塩 小さじ$\frac{1}{2}$
- ガーリックパウダー 小さじ 1
- オニオンパウダー 小さじ 1
- ニュートリショナルイースト $\frac{1}{2}$カップ
- ターメリックパウダー 小さじ$\frac{1}{4}$

- ケールまたは柔らかいほうれん草 1½カップ
- スライスしたマッシュルーム ½カップ
- すりおろしたニンジン ¼カップ
- 小さじ 1/2 カップのピーマン

準備

- 鍋で水を沸騰させます。
- オートミールとスパイスを加え、温度を下げます。
- ふたをせずに弱火で 5～7 分煮る。
- 野菜を追加します。
- ふたをして、2 分間置いておきます。▯ すぐにお召し上がりください。

14. かぼちゃとスパイスのオートミール

成分

- 植物性ミルク 2 カップ
- パンプキンパイスパイス 小さじ 1
- 種なしデーツ 4 個
- レーズン 大さじ 2
- かぼちゃのピューレ 2 カップ
- フレーク状のオートミール 2 カップ

準備

1. 牛乳、ナツメヤシ、レーズン、スパイスをブレンダーで混ぜます。
2. 牛乳の混合物を中型の容器でカボチャのピューレとオートミールと混ぜ合わせます。
3. 混合物が非常に濃い場合は、牛乳を少し追加します。
4. カバーをして、少なくとも 1 時間、理想的には一晩冷蔵します。
5. 暑くても寒くても楽しんでください。

15.春のスムージーボウル

成分 *ボウルの場*

合:

- バナナ 1 本
- カリフラワー 少々（お好みで）
- アーモンドミルク 125ml
- カシューナッツ 1 握り
- バニラのさや（果肉） 1 個
- 小さじ 1 杯のシナモン
- ハチミツ 大さじ 1（お好みで）
- ピスタチオ 大さじ 1
- ナッツ 1 握り（クルミ、アーモンド）

- ココナッツフレーク 1 握り
- 花 1/2 握り（食用）
- ラズベリー 1/2 握り
- 1 パッションフルーツの準備

1. ボウルにさらにクリーミーな一貫性を与えるには、バナナを冷凍します。
2. バナナとボウルの他のすべての材料を滑らかなクリームになるまでピューレにします。
3. あとは気分に合わせてデコレーション

16. いちごのヴィーガン粥

材料

- オートミール 大さじ 3
- 豆乳（またはオーツミルク） 1 杯
- いちご（または他の果物）一握り

1. まず、オーツ麦フレークを豆乳と一緒に沸騰させて、素敵なお粥が形成されるまで待ちます。
2. 必要に応じて、牛乳を追加します。最後に、ベリー（またはお好みの他のフルーツ）を刻み、オーツ麦フレークと混ぜます。

3. お粥にローストしたココナッツフレークをふりかけ、温かいうちにお召し上がりください。

17.ツァンパのお粥ビーガン

材料

- 豆乳 250ml
- ツァンパ 大さじ 2
- ココナッツフレーク 大さじ 5
- アガベシロップ 大さじ 2
- バニラ ひとつまみ
- シナモン 1 つまみ
- 果物（任意）の準備

1. ツァンパマッシュ用の豆乳を沸騰させ、泡だて器でツァンパをかき混ぜます。

2. ココナッツフレーク、チアシード、アガベシロップ、スパイスを混ぜます。しばらく煮込むと、おかゆが程よくとろみをつけます。
3. 新鮮な果物 (イチジクとプラム) を小さく切り、温かいお粥に入れます。
4. ツァンパのお粥は、温めて食べるのが一番！

18. アップルソースとアーモンドのワッフル

材料

- オートミール 100g
- 小麦粉 50g（スペルト小麦）
- チアシード 10g
- 重曹 3g

- バーチシュガー 25g
- アーモンドバター 50g
- アップルソース 100g
- 1 個。レモン（有機、すりおろした皮と小さじ 1 杯のジュース）
- 50ml のアーモンドミルク（または別の植物性ミルク、必要に応じて追加）

準備

1. アップルソースとアーモンドの入ったワッフル用の乾燥材料をブレンダーに加え、すべてが細かくなるまで混ぜます。
2. アップルソース、レモン汁、レモンの皮、アーモンドバター、アーモンドミルクを混ぜます。この混合物を乾燥成分にゆっくりと加え、ハンドミキサーで混合します。必要に応じて、アーモンド ミルクを加え、バーチ シュガーで味付けします。生地を 10 分間休ませます。
3. その間にワッフルメーカーを予熱し、必要に応じてグリースを塗ります。
4. ワッフルアイロンの真ん中に大さじ 1 杯の生地を置き、閉じてワッフルをアップルソースとアーモンドで約 2 分間焼きます.

19. バナナとラズベリーを添えたバニラ スペルト フレーク ミューズリー

材料

- チアシード 大さじ 1
- 亜麻仁 大さじ 1
- スペルトフレーク 大さじ 5
- 小さじ 1 杯のシナモン
- 豆乳ヨーグルト（バニラ） 大さじ 2～3
- アーモンドミルク 180ml
- バナナ 1/2 本
- ラズベリー 1 握り
- スペルト小麦ふすま 大さじ 1
- アーモンドスティック 1 握り

準備

1. バナナとラズベリーを添えたバニラ スペルト フレーク ミューズリー、バナナを半分に切り、薄切りにします。
2. チアシードとフラックスシード、スペルトフレーク、スペルトブラン、シナモン、アーモンドスティック、アーモンドミルク、豆乳ヨーグルトを混ぜます。最後にバナナとラズベリーを入れます。
3. 必要に応じて、少量の牛乳またはヨーグルトを加え、バナナとラズベリーを添えたバニラ スペルト フレーク ミューズリーを冷蔵庫に入れ、一晩浸します。

20. リンゴとシナモンのバニラライスプディング

材料

- 1 杯の米（丸粒）
- 豆乳（バニラ味）4 杯
- レーズン 1 握り
- リンゴ 1 個
- シナモン（お好みで）の準備

1. 米粒が柔らかくクリーミーになるまで、豆乳、シナモン（お好みで）、レーズンで米をゆっくりと煮込みます。何度もかき混ぜる！
2. その間にリンゴを薄切りにします。
3. 温かいライスプディングの上にりんごのスライスを並べ、お好みでシナモンをふりかけてお召し上がりください。

デザートレシピ

21.蒸し器からのオレンジセモリナデザート

材料

セモリナ粉の場合:

- 牛乳 1/2 リットル
- 小麦セモリナ 80g
- はちみつ 80g
- 小さじ 2 杯の寒天
- オレンジの皮（皮） 1 個

オレンジ層用のコアントロー 大さじ4：

- オレンジ 6 個
- コアントロー 大さじ 2
- オレンジの花の蜂蜜 小さじ 3
- 小さじ 2 杯の寒天の準備

1. オレンジ色のセモリナ デザートの場合は、セモリナ塊のすべての材料を穴の開いていない容器に入れ、よくかき混ぜます。
2. みかんの層は、みかん 4 個の皮をむき、切り身にする。フィレを一口大に切ります。残りのオレンジ 2 個を絞る。オレンジ ジュースと切り身をコアントロー、蜂蜜、寒天と混ぜます。穴の開いていない別の容器に注ぎ、よくかき混ぜます。蒸し器で両方を 100°度で 10 分間蒸します。その後取り出して、再度よくかき混ぜます。
3. まずセモリナ粉をデザート グラスに注ぎ、その上にオレンジ色の層を広げます。オレンジ色の塊がゲル化するまで、オレンジ色のセモリナ デザートを涼しい場所に置きます。

22. カントリークリームチーズラズベリーデザート

材料

- カントリークリームチーズ 250g
- ラズベリー 300g
- 砂糖 大さじ 2
- レモン 1 個（皮をむいていないもの）
- ホイップクリーム 1/8 リットル
- ココナッツおろし器 30g
- 1/8 l ヨーグルトの準備

1. カントリー クリーム チーズ ラズベリーのデザートの場合は、ラズベリーを完全につぶさず、甘みをつけてください。ホイップクリームを固くなるまで泡立て、カントリークリームチーズ、ヨーグルト、ココナッツフレーク、砂糖と混ぜます。
2. ラズベリーのムースを添えたクリームをグラスに交互に注ぎ、カントリー クリーム チーズとラズベリーのデザートにココナッツ フレークをふりかけます。

23. アプリコットの鍋泡焼き

材料

- カードチーズ 大さじ 3（20%）
- アプリコット 10 個（大粒、固いもの）
- 卵白 2 個
- 砂糖 50 グラム
- くるみ（すりおろし） 大さじ 2 下準備

1. 焼きあんずは、まずあんずを洗って乾かし、半分に切って石を取り除きます。オーブンを 200°C に予熱し、トレイをベーキングペーパーで覆います。

2. 次に、卵白を砂糖で非常に固く泡立て、カードチーズを滑らかになるまでかき混ぜ、ナッツと一緒に卵白に注意深く混ぜます．アプリコットの半分をそれで満たし、200°C で焼きます。

24. フェンネル野菜の蒸し器

材料

- 2 フェンネル
- フェンネルグリーン
- にんじん 2 本
- ネギ（小） 1 本
- セロリ 2 本
- 小さじ 1 杯のレモン汁
- 塩
- シュガー

- 2 個 玉ねぎ
- バター 20g
- 野菜ストック 150ml
- コショウ
- 野菜ストック 小さじ 1
- ダブルクリーム 150g

1. フェンネルウォッシュの場合、くさび形のフェンネルの根を四分の一に切ります。フェンネルグリーンを飾りに戻します。
2. 野菜をきれいにします。にんじんは厚さ 0.5cm の輪切り、ネギは厚さ 1cm の輪切り、セロリは厚さ 0.5cm の輪切りにする。穴の開いた調理用容器に野菜を入れ、その上にフェンネルを置きます。
3. レモン汁、塩、砂糖を混ぜ、フェンネルの上に注ぎます。調理容器をオーブンに入れ、その下にしっかりした容器を置いて野菜ストックをキャッチします (100 ° C で 10 ～ 12 分、または 120 ° C で 5 ～ 6 分)。
4. タマネギをさいの目に切り、バターでソテーし、150 ml の野菜ストックを満たします。塩、こしょう、野菜スープで味をととのえる。ダブルクリームをかき混ぜます。蒸し器から取り出したフェンネル野菜を細切りのフェンネルの葉で飾ります。

25.クイックアップルデザート

材料

- リンゴ 4 個
- 10～15 個 ビスケット
- 蜂蜜 大さじ 5
- シナモン
- レモン汁
- レーズン 大さじ 2

1. 簡単なリンゴのデザートの場合は、リンゴを細かいくさびに切り、砂糖、シナモン、レモン汁を混ぜます。スポンジフィンガーを粗く砕く。
2. リンゴ、レーズン、レディーフィンガーの層を油を塗った 4 つのデザートキャセロールに入れ、4cl のアマレットを入れ、シナモンと砂糖を振りかけます. 上下を 180 度で 20～25 分焼きます。

26.ナッツプリンデザート

材料

- 4 個。サイサリス
- くるみ 大さじ 8（粗く刻むか刻む）
- チョコソース（飾り用） プリン用：
- ヘーゼルナッツプリンパウダー 1 パック
- 牛乳 500ml
- 砂糖 大さじ 3
- クルミ（細かくすりおろしたもの）大さじ 1

1. ナッツプリンのデザートは、まずクルミとプリンパウダーを混ぜ合わせます。指示に従ってヘーゼルナッツプリンを準備し、4 つの小さなプリン型に注ぎます.
2. 冷まして冷蔵庫に数時間入れます。プリンを型から外し、クルミ大さじ 2 をふりかけ、チョコレートソースで飾り、ナッツプリンデザートの真ん中にホオズキ 1 個を置きます。

27. 豆腐団子のいちごあんかけ

材料

- クォーク 250g
- 蜂蜜 大さじ 2
- クラム
- いちご 250g（冷凍）
- バニラシュガー 1 袋

1. いちごソースの豆腐団子は、まず豆腐団子を用意します。これを行うには、卵、クォーク、砂糖を一緒にこねます。10 分ほど休ませてから、沸騰したお湯に 7～10 分浸します。

2. 同時に、砂糖とパン粉、少量のバターを鍋に入れてローストします。完成した豆腐団子をクランブルシュガーの混合物で転がします。
3. いちごソースは、冷凍いちごと水を電子レンジで解凍し、バニラシュガーを加えます。その後、ハンドブレンダーで混ぜ、味を調えます。チーズ餃子にストロベリーソースを添えて。

28.アップルチップス

材料

りんご

準備

1. りんごチップスは、りんごを洗い、芯切りで芯を取り除き、スライサーで厚さ 1.5mm に切ります。
2. リンゴの薄切りをディハイドレーターに入れて乾かします。途中で一度振り返る。アップルチップスがカリカリになるまで乾かします。

3. 脱水機にもよりますが、これには約 2～3 時間かかります。

29. バナナを育てる

材料

- レーズン 大さじ 2
- ラム酒 50ml
- アーモンドの葉 大さじ 2
- バナナ 4 本
- レモン（果汁） 1/2 個
- 砂糖 75 グラム
- バター小さじ 1

- 小さじ 1/4 のシナモンの準備

1. レーズンとラム酒を混ぜ、30 分ほどおく。
2. フレーク状のアーモンドを乾いたフライパンで油分を除いて軽くトーストします。バナナは皮をむき、縦半分に切る。すぐにレモン汁で磨きます。
3. 大きな鍋に砂糖とバターを弱火で溶かします。バナナを加え、一度返しながらさっと炒める。レーズンとラム酒を加え、シナモンでバナナを味付けします。
4. 砂糖が溶けるまで煮詰めます。バナナを並べ、アーモンドフレークを散らす。
5. フォスターバナナがまだ熱いうちに提供します。

30. チョコレートチップクッキーのスーパーフード

成分

- ½カップのピーナッツバター
- 豆乳 ½カップ
- 8 メジュールの日付
- アーモンド粉 1 カップ
- オートミール 1 カップ
- オートミール 1 カップ
- 亜麻仁 ¼ カップ
- ゴジベリー 1/2 カップ
- カカオ豆 ½カップ
- 熟したバナナ 1 本
- バニラ 大さじ 1

準備

1. フードプロセッサーに全ての材料を入れてよく混ぜ合わせる。
2. 混合物大さじを羊皮紙で裏打ちされたクッキーシートに置きます.
3. 別の羊皮紙を使用して、混合物を押し下げます。

4. 350°F（176°C）で 20 分間焼きます。

31. ビーガンチョコレートアイスクリーム

成分

- 冷凍バナナ 3 本
- 無糖アーモンドミルク ¼カップ
- ココアまたはココアパウダー 大さじ 3
- 小さじ 1/4～1/2 のシナモンパウダー（オプション）

準備

1. 冷凍バナナとアーモンドミルクをフードプロセッサーまたはブレンダーに入れます。
2. 絹のようになるまでよく処理します。

3. ココアとシナモンを加える。
4. よく混ざるまで処理する
5. アイスクリームを冷凍庫に 15～20 分間入れます
6. すぐに消費してください。

32. 材料 4 つでチョコレートムース

成分

- 12.3 オンスの絹ごし豆腐 2 箱
- ココアパウダー 大さじ 4
- バニラ 小さじ 1
- デーツペースト 1 カップ

準備

1. 豆腐、ココア パウダー、デーツ ペースト、バニラをブレンダーでよく混ぜます。
2. 食べる前に冷蔵庫で保管すると、さらにとろみがつきます。

33. パイナップルとフレッシュのアイスレモンパイ ブルーベリー

成分

- 新鮮なレモン汁 ¼ カップ (約 2 個のレモン)

- $\frac{1}{4}$カップの水
- みじん切りにした新鮮なパイナップル 1 カップ
- すりおろしたレモンの皮 小さじ$\frac{1}{4}$
- 新鮮なブルーベリー$\frac{1}{4}$カップ、すすぎ、完全に乾かします

準備

1. フレッシュジュース、水、パイナップル、すりおろしたレモンの皮を高速ブレンダーに加えます。塊がなくなるまで処理します。
2. 混合物を自動アイスクリームメーカーの容器に注意深く注ぎ、メーカーの指示に従って処理します。
3. 最後の 10 分間に新鮮なベリーを追加します。すぐにお召し上がりいただくか、冷凍庫で 1 時間以上冷やしてお召し上がりください。

34. チョコチップジェラート

成分

- 乳製品を含まない牛乳 2 カップ
- ピュアメープルシロップ 3/4 カップ
- 純粋なバニラエッセンス 大さじ 1
- 1/3 セミスイート ビーガン チョコレート チップ、細かく刻むかフレーク状にする

準備

1. 乳製品を含まない牛乳、メープル シロップ、バニラを大きなボウルでよく混ぜ合わせます。

2. 混合物を自動アイスクリームメーカーの容器に注意深く注ぎ、メーカーの指示に従って処理します。
3. 最後の 10 〜 15 分の間に、刻んだチョコレートを加え、好みの食感になるまで処理を続けます。ジェラートはすぐにお召し上がりいただくか、冷凍庫で 1 時間以上冷やしてお召し上がりください。

35. ピーナッツバターとゼリーのアイスクリーム

成分

- 乳製品を含まないシンプルな無糖牛乳 2 カップ
- 2/3 **カップのメープルシロップ**
- クリーミーな天然ピーナッツバター 大さじ 3
- 生姜 小さじ½
- 純粋なバニラエッセンス 小さじ 2
- 缶詰フルーツ 大さじ 6

準備

1. 牛乳、メープル シロップ、ピーナッツ バター、バニラを含まない牛乳を大きなボウルに入れ、よく混ぜ合わせます。混合物を自動の容器に慎重に注ぎます
   アイスクリームメーカーの指示に従って処理します。
2. 最後の 10 分間は缶詰の果物を加え、好みの食感になるまでアイスクリームと混ぜ合わせます。アイスクリームはすぐにお召し上がりいただくか、冷凍庫で 1 時間以上冷やしてお召し上がりください。

36.ビーガンカスタード

材料

- アーモンドミルク 500ml
- コーンスターチ 40g
- 粉砂糖 50g
- バニラシュガー 2 パック
- バニラの準備の 2 ポッド

1. バニラプリンは、バニラのさやを縦に切り、果肉をかき出す。450ml のアーモンドミルク、バニラシュガー、バニラの果肉、バニラのさやを沸騰させます。粉砂糖とコーンスターチを 50ml のアーモンドミルクと混ぜます。

2. 牛乳が沸騰したらすぐにバニラのさやを取り出し、粉砂糖とコーンスターチの混合物をかき混ぜます。弱火で絶えずかき混ぜながら、とろみがつくまで煮る。
3. カスタードはシュッサールを満たし、すぐにくずすか、すぐに暖かくしてお楽しみください。

37.ツァンパのお粥ビーガン

材料

- 豆乳 250ml
- ツァンパ 大さじ 2
- ココナッツフレーク 大さじ 5
- アガベシロップ 大さじ 2
- バニラ ひとつまみ
- シナモン 1 つまみ
- 果物（任意）の準備

1. ツァンパマッシュ用の豆乳を沸騰させ、泡だて器でツァンパをかき混ぜます。

2. ココナッツフレーク、チアシード、アガベシロップ、スパイスを混ぜます。しばらく煮込むと、おかゆが程よくとろみをつけます。
3. 新鮮な果物 (イチジクとプラム) を小さく切り、温かいお粥に入れます。
4. ツァンパのお粥は、温めて食べるのが一番！

38.ラズベリーパンケーキビーガン

材料

- アーモンドドリンク 250ml
- バーチシュガー 大さじ 1
- ココナッツミルク 1 缶
- 野菜 大さじ 1
- スペルト小麦 150g
- ココナッツオイル（ベーキング用） 大さじ 2
- ラズベリージャム 大さじ 6（ブラッシング用）
- ラズベリーシュガー 小さじ 1（飾り用）
- バーボン バニラ シュガー 1 パック

1. ラズベリー パンケーキの場合は、アーモンド ドリンクをボウルに入れます。ココナッツミルクの缶を開け、液体をマグカップに注ぎ、固形物を「ホイップクリーム」として保存します。
2. veggg を液体のココナッツ ミルクに入れてかき混ぜ、少し膨らませてから、スペルト小麦、ココナッツ ミックス、アーモンド ドリンク、バーチ シュガーを混ぜます。素敵なパンケーキ生地になるはずです。
3. 小麦粉や液体がもう少し必要かもしれません。ココナッツミルクとバニラシュガーをミキサーで混ぜます。
4. ココナッツオイルを熱したフライパンで 4 枚のパンケーキを焼きます。ジャムを塗って、ココナッツ ホイップ クリームとラズベリー シュガーで飾ってお召し上がりください。

39. キウイとバナナのココナッツミルクライス

材料

- ココナッツミルク 300ml
- 長粒米 100g
- 塩 ひとつまみ
- メープルシロップ 小さじ 1
- バナナ 1 本

ロ キウイ 1 個**準備**

1. キウイとバナナのココナッツ ミルク ライスは、ココナッツ ミルクを沸騰させ、塩で味付けします。ご飯をふりかけ、柔らかくなるまで煮ます（パッケージの指示に従ってください！）。

2. その間に、果物の皮をむき、スライスします。出来上がったライスプディングをメープルシロップで味付けします。お皿に盛り、バナナとキウイのスライスでココナッツミルクライスを飾ります。

40.サクサク焼きバナナ

材料

- バナナ 1 本
- フィロ生地 2～3 枚 (30x31cm)
- レモン汁 大さじ 1
- くるみ 大さじ 2（すりおろす）
- 菜種油 大さじ 3～4
- グラニュー糖 大さじ 1

1. カリッと焼き上げたバナナは、オーブンを上下 200℃に予熱。バナナは皮をむき、4 等分に切り、レモン汁をまぶす。
2. フィロ生地になたね油を刷毛でぬり、ねじって重ねます。1 枚の生地をほぼ均等に 4 等分する。

3. すりおろしたクルミでバナナの部分を転がし、1 つの部分を正方形の真ん中に置きます. 端を折り、小包をベーキングペーパーの上に置きます。
4. 残りの油を刷毛で塗り、それぞれにグラニュー糖を少量のせます。きつね色になり、カリッとなるまで約 10 分間焼きます。
5. カリカリに焼き上げたバナナは、氷で温めたり、コーヒーと一緒に食べるのが最適です。

スナックレシピ

41. パンとチーズの串焼き

材料

- パンパーニッケル 2 切れ
- スキムクリームチーズ 25g
- ホール、低脂肪のセミハードチーズ 50 g
- きゅうり 1/4 本
- リンゴ 1/4 個
- カクテルトマト 4 個
- 塩コショウ
- 竹串 2 本

準備

1. パンとチーズの串焼きは、パンパーニッケルのスライスを半分に切り、半分に切ったパンパーニッケルのスライスにクリームチーズ大さじ 1 をコーティングし、その上に別のパンのスライスを置き、再びクリームチーズをコーティングし、3 番目のスライスを上に置き、クリームチーズとパンパーニッケルをコーティングします.
2. 食パンを 2cm 角に切る。ハードチーズも小さな立方体に切ります。りんごをくし形に 3 つに切る。
3. 木製の串に、パンパーニッケルブロック、キュウリのスライス、りんご、チーズキューブ、トマトを交互に置きます。次に、パンとチーズの串に少量の塩と挽きたてのコショウをふりかけます。

42.トーストロールアップ

材料

- トースト 12 枚（皮をむいたもの）
- チェダーチーズ（すりおろしたもの） 200g
- バター 大さじ 2
- 卵 2 個
- 松の実（ロースト） 大さじ 4
- 海塩

- グラインダーからのコショウ）□ペストの場合：
- トマト 1 瓶（乾燥、370g）
- ケッパー 5 個
- 松の実（ロースト） 25g
- にんにく 1 かけ
- 油 大さじ 5（トマト缶の油）
- パルメザンチーズ（すりおろす） 50g
- チリパウダー 小さじ 1（お好みで）
- 海塩

□グラインダーからのコショウ） 準備

1. トーストのロールアップの場合は、まずペストのすべての材料を背の高いマグカップでハンドブレンダーで混ぜ、海塩とコショウで味付けします。
2. トーストは食パンをめん棒で薄くのばす。ペストを表面に薄く広げ、上端から約 1 cm 離します。上にすりおろしたチェダーチーズをのせ、松の実を散らす。トーストのスライスをきつく巻きます。
3. 牛乳と卵を一緒に泡立てます。ノンスティックパンでバターを溶かします。トーストロールアップを牛乳と卵の混合物に通し、バターできつね色になるまで揚げます。

43. 七面鳥とキュウリのバーガー

材料

- 七面鳥のエスカロップ 600g
- レタスの葉 12 枚
- きゅうり 1 本
- マヨネーズ 大さじ 6
- バゲットロール 6 枚 (または大きなバゲット 1 枚)
- 塩
- コショウ

- バター（揚げ物用）

準備

1. 七面鳥とキュウリのハンバーガーの場合は、レタスの葉を洗い、軽くたたいて乾かします。きゅうりは洗って千切りにする。七面鳥のシュニッツェルに塩、こしょうで下味をつける。フライパンにバターを熱し、シュニッツェルの両面を 4～5 分焼きます。
2. 鍋から取り出し、短冊切りにする。バゲットロールを縦に切り、食パンの下半分にマヨネーズを塗る。レタスの葉とキュウリのスライスを上に置き、七面鳥のストリップを上に広げ、バゲットを再び閉じます.

44. エビとアーティチョークのトルティーヤ

材料

- えび 200g（皮をむいて茹でたもの）
- アーティチョーク 4 個（ピクルス、缶詰またはグラス）
- 卵 5 個
- レモン汁 大さじ 2
- 海塩（ミルから）
- コショウ（工場から）
- オリーブオイル

準備

1. 海老にレモン汁をまぶし、アーティチョークを 8 等分に切る。フライパンにオリーブオイルを熱し、えびを軽く炒めます。ボウルに卵を割りほぐし、塩コショウをしてエビの上に流し入れ、少し冷ます。アーティチョークを上に広げて、もう一度軽く炒めます。
2. 底がきつね色になったらすぐに、鍋にふたをして、トルティーヤがふたの上にくるようにひっくり返します。トルティーヤをフライパンに戻し、反対側をきつね色になるまで焼きます。お好きなサイズのケーキに分けて、お好みでホットまたはコールドでお召し上がりください。

45. ハーブ鍋のクラブサンド

材料

- クォーク（リーン）100g
- トースト 4 切れ
- カクテルトマト 10 個
- レタスの葉
- ヨーグルト 大さじ 2
- きゅうり 1 本
- 塩
- コショウ
- にんにく 1 かけ
- レモン汁 1 滴

- ハーブ（ディル、チャイブ、パセリ）の準備

1. クラブ サンドイッチにハーブ ポットを添える場合は、キュウリの前半部分を芯から取り、粗くすりおろし、塩で味を調え、数分間浸します。その後、出てきた水分を絞ります。にんにくをみじん切りにします。ヨーグルトとクワルクに塩こしょうで味付けし、みじん切りにしたにんにくとすりおろしたきゅうりを加え、レモン汁で仕上げる。
2. その間に食パンを半分にしてトースト。プチトマトとキュウリの後半をスライスします。提供するには、トーストの半分のスライスにクォーク クリームを塗ります。
3. カクテルトマト、レタス、きゅうりのスライスを上に広げ、最後にトーストの 2 番目のスライスを上に置き、つまようじでハーブポットでクラブサンドイッチを固定します.

46. サツマイモのシュトルーデル巻き

材料

- シュトルーデル生地 1 パック
- さつまいも（大） 1 個
- 小さじ 1 杯のチリ（細かく刻んだもの）
- タイム 大さじ 1（細かく刻む）
- 卵 1 個
- 塩
- コショウ
- バター（溶かす）
- ひまわり油（揚げ物用） 1000ml

1. さつまいもは皮をむいて粗くすりおろし、残りの材料を加えて混ぜ合わせ、塩、こしょうで味をととのえる。
2. シュトルーデルのパイシートにバターを塗り、重ね合わせ、生地を丸または四角に切り取り、小さじ 1 杯のフィリングを真ん中に置き、両端をしっかりと押します。
3. シュトルーデル ロールをサツマイモと一緒に約 1 時間揚げます。たっぷりの熱したひまわり油で 2～3 分、きつね色になるまで炒め、キッチンペーパーで水気を切り、食べる直前に塩少々で味を調えます。

47. りんごとにんじんのおやつ

材料

- リンゴ 2 個
- にんじん 500g
- レモン 1 個（レモン汁） ▯ サワークリーム 125ml
- 砂糖小さじ 1
- 玉ねぎ 小さじ 1（細かく刻む）
- 塩
- コショウ
- 大さじ 2 ナッツ（みじん切り） 下準備

1. リンゴとニンジンの皮をむき、すりおろします。
2. レモン汁をかけます。
3. 玉ねぎは皮をむき、細切りにする。
4. サワークリーム、砂糖、タマネギ、塩、コショウを混ぜ、リンゴとニンジンの混合物に注ぎ、軽く混ぜます。
5. リンゴとニンジンのスナックにナッツをふりかけます。

48.パプリカチップス

材料

- じゃがいも 2 個（中）
- オリーブオイル 大さじ 1
- パプリカパウダー 小さじ 1
- 塩

準備

1. パプリカチップスの場合は、オーブンからジャガイモの皮をむき、果物ナイフで薄くスライスします。天板に羊皮紙を敷きます。ベーキングペーパーにオリーブオイルを薄く塗る。ポテトスライスを上に置き、オリーブオイルを軽く塗ります。

2. パプリカパウダーと塩をふりかける。220℃に予熱したオーブンでペッパーチップスを焼き色がつくまで 6 分焼きます。

49. ベジタリアントースト

材料

- 全粒粉トースト 4 切れ
- ペスト（ロッソ） 大さじ 4
- トマト（熟したもの） 1～2 個 ▯ 羊のチーズ 80 g
- ひと握りのロケット

- バルサミコアイスクリーム

準備

1. ベジタリアン トーストの場合は、4 枚のトーストを先にトーストします。次に、1 枚のトーストが 2 つの三角形になるように、1 枚のトーストを斜めに切ります。
2. 2 つの三角形のそれぞれに大さじ半分のペストロッソを広げます。パラダイス チーズとシープ チーズを薄くスライスし、トーストした三角形のパン 4 枚をトマトとシープ チーズで交互に覆います。
3. 最後の層にバルサミコ アイスクリームを数滴垂らし、洗ったルッコラを 4 つのトーストしたパンの三角形すべてに広げ、残りの 4 つの三角形で覆います。バルサミコ アイスクリームとトマトを添えて、ベジタリアン トーストを皿に盛り付け、すぐにお召し上がりください

50.フライドポテトチップス

材料

- じゃがいも（青か黄色） 500g
- 油（揚げ物用） 400ml
- ハーブ（混合、オプション）
- 塩

準備

1. ポテトチップスの揚げ物は、じゃがいもをよく洗い、こすって乾かします。次に、じゃがいもを皮付きのまま縦に薄く切り、カッターや野菜スライサーで均一にスライスします。

2. 水が透明になるまで流水でふるいでスライスを洗い、軽くたたいて乾かし、熱した油でカリカリになるまで焼きます。
3. キッチンペーパーの上でチップスを完全に乾かし、塩で味を調えます。
4. フライドポテトチップスをハーブで味付けしてサーブする

51.レッドアップルソースとビーツ

成分

- 皮をむいていないりんご 2 カップ

- 骨なしチェリーまたはミックスベリー 1 カップ
- 皮をむいておろしたビーツ 1 カップ
- デーツペースト 大さじ 1
- 小さじ$\frac{1}{2}$シナモン
- 水 大さじ 2

準備

1. すべての材料を鍋に入れます。
2. 沸騰させ、リンゴとビートが柔らかくなるまで 10〜15 分間調理します。
3. ポテトマッシャーで粉砕するか、フードプロセッサーで処理して、より滑らかな一貫性を保ちます.
4. 単独で提供するか、ハロウィーンのお菓子を飾るために使用してください。

52.アップル「ハロウィン」ランプ

成分

- 赤いりんご 6 個
- ピーナッツバター 1 カップ
- デーツペースト 大さじ 1
- パンプキンパイスパイス 小さじ½
- ノンオイルグラノーラ 1 カップ

準備

1. オーブンを 300 ～ 350 °F (177 ° C) に予熱します。
2. 各リンゴの上部を切ります。

3. スプーンやメロンなどで中身を取り出します。壁が厚いことを確認してください。
4. 懐中電灯の顔を丁寧に彫り、目と口を作ります。
5. ピーナッツバターを鍋で滑らかになるまで溶かします。
6. ボウルに、溶かしたピーナッツ バターとナツメヤシのペーストとカボチャのスパイスを混ぜます。
7. りんごにピーナッツ バターの混合物を詰め、りんごの上部を元に戻します。
8. りんごを天板で 10 分間焼きます。
9. グラノーラをりんごに入れ、さらに 10 分焼きます。
10. すぐにお召し上がりください。

53. サツマイモのアーモンドバタートースト とブルーベリー

成分

- さつまいも 1 個（厚さ 0.5cm にスライス）
- ¼カップのアーモンドバター
- ブルーベリー ½カップ

準備

1. オーブンを 350-360 ° F (177 ° C) に予熱します。
2. サツマイモのスライスをベーキングペーパーの上に置きます。約 20 分、柔らかくなるまで焼きます。(トースターで調理することもできますが、高温で 3 ～ 4 回加熱する必要があります)。

3. 温めてサーブし、ピーナッツバターとクランベリーでコーティングします。残ったサツマイモのスライスは、ドレッシングを付けずに密閉容器に入れて冷蔵庫で 1 週間保管します。トースターまたはオーブントースターで再加熱し、指示に従って蓋をします。

54.派手なアボカドトースト

成分

- 食パン 2 枚
- スライスしたアボカド 1 個
- ½レモン汁
- かぼちゃの種 大さじ 2
- 赤唐辛子フレーク 1 つまみ
- 燻製パプリカ ひとつまみ
- ごま ひとつまみ
- 塩 ひとつまみ

- 黒こしょう ひとつまみ

準備

1. パンをトーストします。
2. トーストにアボカドのスライスをのせます。
3. アボカドにレモン汁をふりかけます。
4. かぼちゃの種、唐辛子フレーク、ごま、塩、黒胡椒をお好みでふりかける。

55. かぼちゃとオートミールのバー

成分

- 厚めのオートミール 3 カップ
- 種なしデーツ 1 カップ
- 熱湯 ½カップ
- パンプキンパイスパイス 小さじ 2
- 亜麻仁またはチアシード 大さじ 1
- 小さくスライスしたナッツ ¼ カップ (お好みで)
- 植物性ミルク ¼カップ
- マッシュポテト 1 カップ

準備

1. オーブンを華氏 350 度に予熱します。
2. デーツを細かく刻んでボウルに入れ、熱湯を注ぎます。10 分間放置します。
3. ボウルに乾燥材料を入れてよく混ぜます。
4. ナツメヤシを水、カボチャ、野菜ミルクと一緒に乾燥した材料に加え、よく混ぜます。
5. 正方形のベーキングシートをベーキングペーパーで覆い、混合物をパンにしっかりと押し込みます.
6. 15～20 分間焼きます。
7. 混合物を容器内で完全に冷ましてから、16 の正方形または 8 つの大きな棒に切り分けます。
8. 冷蔵庫に最大 7 日間保管してください。

56. オートミールとアップルのクッキー

成分

- グルテンフリーのオートミール 2 カップ
- アップルソース 2 カップ
- レーズン 1/2 カップ
- チアシード 大さじ 1½
- シナモン小さじ 2

プロセス

1. オーブンで 350°F（177°C）に予熱します。

2. 中くらいのボウルに5つの材料をすべて入れ、まとまるまでかき混ぜます。オーブンの加熱中に 10 分間放置します。
3. クッキーシートの上にスプーン一杯の混合物（ベーキングペーパーで覆われている）を提供する. 混ぜ合わせたものをスプーンの背で軽く平らにして、お好みの大きさ、形に広げます。約 25 分間焼きます。
4. オーブンから取り出したら、クッキーをラックに移して冷まします。
5. 一度食べてみてはいけません！

57. おいしいミニサンディア

成分

- きゅうり 2 本
- スイカの心臓 1 切れ、できれば種が最小限に取り除かれ、密度が高く明るい
- 黒ごま ひとつまみ（煎ったもの）

準備

1. きゅうりの端を切り始め、両端を 2 インチ (5 cm) ずつ切ります。
2. 真ん中の部分は別の用途（サラダなど）に取っておいてください。

3. 半円形の各ピースをその端に置き、パリジャンスプーンの小さな先端を使用して、それぞれから半球を取ります.
4. 同じテクニックを使用して、スイカの心臓の同じ部分を切り分け、平らな面を上にしてキュウリの中に入れます.
5. ピースが平らに保たれていない場合は、ピーリング ナイフで余分な部分を慎重にカットできます。
6. 黒ごまを濡れた指で押さえてメロンの表面に広げたら完成です。

58. ひよこ豆のロースト

成分

- 15 オンス (425 g) のひよこ豆の缶 2 個をすすぎ、水気を切る
- ガーリックパウダー 小さじ 1 チリパウダー 小さじ 2
- 海塩 小さじ½
- レモン汁 大さじ 2

準備

1. オーブンを 400°F（200°C）に予熱します。天板に羊皮紙を敷き、脇に置きます。

2. ひよこ豆を 1 ガロン (リットル) の密封されたビニール袋に入れ、調味料を加えます。完全に覆われるまでよく振ってください。
3. スパイシーなひよこ豆を準備した天板に均等に広げます。
4. ひよこ豆がきつね色になるまで均等に火が通るように、15 ～ 20 分ごとにかき混ぜながら、45 ～ 55 分間焼きます。
5. いつでもおやつとして、温かくても冷たくてもお召し上がりいただけます。

59. アップルソースとアーモンドのワッフル

材料

- オートミール 100g
- 小麦粉 50g（スペルト小麦）
- チアシード 10g
- 重曹 3g
- バーチシュガー 25g
- アーモンドバター 50g
- アップルソース 100g
- 1 個。レモン（有機、すりおろした皮と小さじ 1 杯のジュース）

- 50mlのアーモンドミルク（または別の植物性ミルク、必要に応じて追加）

準備

1. アップルソースとアーモンドの入ったワッフル用の乾燥材料をブレンダーに加え、すべてが細かくなるまで混ぜます。
2. アップルソース、レモン汁、レモンの皮、アーモンドバター、アーモンドミルクを混ぜます。この混合物を乾燥成分にゆっくりと加え、ハンドミキサーで混合します。必要に応じて、アーモンド ミルクを加え、バーチ シュガーで味付けします。生地を 10 分間休ませます。
3. その間にワッフルメーカーを予熱し、必要に応じてグリースを塗ります。
4. ワッフルアイロンの真ん中に大さじ 1 杯の生地を置き、閉じてワッフルをアップルソースとアーモンドで約 2 分間焼きます.

60. 冷たい棒付きスイカ

材料

- スイカ 1/4 個
- 木の棒の準備

1. まず、必要に応じてスイカの芯を取り、皮で小さな三角形に切ります。
2. ボウルの下側の各ピースに木の棒を刺します。殻がきつすぎる場合は、ナイフを使用してスリットを作ります。
3. スイカの角が完全に凍るまで冷凍庫に入れます。
4. スティックのスイカは準備ができています。ヨーグルトやチョコレートにディップすることもできます。

スープレシピ

61.栗のクリームスープ

材料

- 玉ねぎ 1 個（小）
- 油 大さじ 1
- 栗 400g
- 野菜スープ 1500ml
- ホイップクリーム 200ml
- じゃがいも 1 個（あれば）

- タイム
- 塩 ひとつまみ
- こしょう ひとつまみ
- ナツメグ（すりおろしたもの） ひとつまみ

1. 栗のクリームスープは、生の栗の皮をむく（早くしたい場合は、皮をむいた栗を型から取り出す）。
2. エシャロットは皮をむき、小口切りにする。皮をむいた栗も一口大に切る。
3. エシャロットをオリーブオイルで軽くローストする。栗を加えてさっと炒める。
4. スープを注ぎ、タイムを加えて 30 分ほど煮込みます。
5. 次にホイップクリームを加えて再び沸騰させる。
6. 栗のクリームスープをハンドブレンダーで裏ごしし、塩こしょうで味を調える。

62. 赤キャベツとりんごのクリームスープ

材料

- 玉ねぎ 6 個
- 油
- にんじん 500g
- 赤キャベツ 2kg
- リンゴ 4 個（酸っぱい）
- 赤ワイン 500ml
- クランベリーコンポート 300g
- サワークリーム 2 カップ
- 塩
- コショウ
- ナツメグ ひとつまみ

- スープキューブ 1 個
- 赤ワインビネガーの準備

1. 玉ねぎは皮をむいて粗みじん切りにする。9 リットルの鍋に油を熱し、玉ねぎをきつね色になるまで炒める。
2. その間に、にんじんの皮をむき、厚めのスライスに切り、玉ねぎに加えます。
3. 赤キャベツの見苦しい外側の葉を取り除き、キャベツを四分の一にし、硬い茎を取り除き、細麺またはスライスにカットします. りんごは皮をむき、8 等分に切り芯を取り除く。
4. キャベツとりんごをニンジンとタマネギと一緒にさっと炒め、赤ワインでデグレーズし、少量の水とすべてを加えて、柔らかくなるまで約 30 分間炒めます。
5. 最後にクランベリーのコンポートを加え、ほとんどの液体を別の鍋に取り、野菜をピューレ状にします。液体を空に戻し、希望の濃度になるまで水を入れ、再び短時間煮込みます。
6. スプーン 1～2 杯のスープでサワークリームを滑らかになるまでかき混ぜ、スープに混ぜます。
7. 塩、コショウ、ナツメグ、スープ キューブで味を調え、必要に応じて赤ワイン ビネガーを少し加えます。

63. マスタードフルーツソースのターフェルシュピッツ

材料

- 牛肉の煮込み 800g
- にんじん 4 本
- ネギ 1 本
- 1 塊茎 (s) セロリ (小)
- 玉ねぎ 2 個
- 月桂樹の葉 4 枚
- ジュニパーベリー 10 個
- クローブ 2 個

- 胡椒 10 粒
- ミート ブイヨン 2 キューブ マスタード ソース用:
- モスタルダ ピューレ 1/2 グラス（ミックス フルーツ添え）
- サワークリーム 100g
- マヨネーズ 大さじ 2（山盛り）
- カレー粉 小さじ 1/3
- ホイップクリーム 100ml
- 塩
- コショウ

準備

1. 茹でた牛肉にたっぷりの水をかぶせます。最初は定期的に泡をすくい取ります。
2. その間に、ニンジン、ニラ、セロリ、タマネギをきれいにし、半分に切ります。ローリエ、ジュニパーベリー、クローブ、ペッパーコーン、ブイヨン キューブを含む野菜をストックに加え、必要に応じて水を少し加えます。蓋をして弱火で野菜が柔らかくなるまで煮る。
3. これを持ち上げて脇に置きます。ふたをして、沸騰前の肉も柔らかくなるまで煮る。

4. ソースの準備: 1/2 グラスのヴァニーニ モスタルダ ピューレ、ミックス フルーツ、サワー クリーム、マヨネーズ、カレー。塩こしょうを混ぜます。上部が固くなるまで叩き、ソースに混ぜます。
5. 茹で上がった牛肉をスープから取り出し、1 等分くらいに切る。1cm の厚さに切り、器に盛って保温する。
6. 野菜をスープで再び簡単に加熱し、肉と一緒に皿に並べ、その上に少量のスープを注ぎます. ソースは別々に出すのが一番です。

64.白根クリームスープ

材料

- パースニップ 3 個
- パセリの根 3 片
- じゃがいも 3 個（小麦粉、小）
- にんにく 2 かけ
- エシャロット 1 個
- 野菜ストック 500ml
- 塩
- コショウ（工場から）
- いくつかの大豆料理
- パセリ（ふりかけ用）

- 菜種油の準備

1. パースニップ、パセリの根、ジャガイモの皮をむき、白い根のクリーム スープ用に大きな立方体に切ります。エシャロットとにんにくは皮をむいてみじん切りにし、油で炒める。
2. 根菜を加えてさっと炒める。次に野菜だしを加え、野菜が柔らかくなるまで煮込みます。野菜を裏ごしし、ふるいで濾します。塩、こしょう、しょうゆで味を調えます。
3. スープが濃すぎる場合は、野菜スープを追加してください。再び軽く沸騰させ、白い根のクリーム スープをスープ皿に並べ、刻んだパセリとすりおろしたてのコショウを振りかけます。

65.クレソンスープ

材料

- じゃがいも 4 個（中くらいの粉っぽいもの）
- 玉ねぎ 1 個
- いくつかの油
- クレソン 2 握り
- 小さじ 2 塩（平らにする）
- 水 4 カップ（250ml）

1. クレソンスープは、まずじゃがいもと玉ねぎの皮をむき、小さめに切ります。

2. 鍋に少し熱した油で両方を汗をかいてから、4 カップの水を加えます. 約 15 分間煮込みます。
3. クレソンの 3/4 をスープに加え、ハンドブレンダーでピューレ状にします。
4. 最後に、味に塩を加えて、クレソンスープに残りのクレソンを添えてからお召し上がりください.

66.ポテトとコールラビのスープ

材料

- じゃがいも 1kg
- コールラビ 1 切れ
- 野菜スープ 1～2 リットル
- にんにく 2 かけ
- 生姜 大さじ 1（すりおろしたもの）
- レモングラス（挽いたもの） 大さじ 1
- キャラウェイシード（粉） 大さじ 1
- 塩適量

- 小さじ 2 杯のマジョラム（すりおろしたもの）の

準備

1. じゃがいもとコールラビのスープは、じゃがいもを皮をむき、大きな立方体に切ります。コールラビも皮をむき、ざく切りにする。
2. 両方のタイプのキューブを鍋に入れ、十分に覆われるまでスープを注ぎ、煮ます。調理中、にんにくをスープに絞ります。
3. 全体がしんなりしてきたら、鍋を火からおろし、調味料で味を整える。すべてをよくピューレにし、必要に応じて、スープを少し加えるか、調味料を加えます。

67.ほうれん草と豆腐のスープ

材料

- 豆腐 75g
- ほうれん草（生）50g
- 野菜スープ 250ml
- しょうゆ 大さじ 1
- コショウ

□ 塩**準備**

1. ほうれん草と豆腐のスープは、野菜スープを沸騰させます。豆腐は 5×5mm の角切りにし、沸騰したスープに醤油を加えます。

2. 火を止めて 2 分煮る。ほうれん草をみじん切りにし、軽くかき混ぜながら 1 分間調理します。
3. ほうれん草と豆腐のスープに塩こしょうで味を調え、出来上がり。

68.ビーツの泡スープ

材料

- ビーツジュース 500ml
- ソイクリーム 200g
- 粉末野菜スープ 大さじ 1
- パセリ（みじん切り）
- コショウ（工場から）
- 味付け塩の準備

1. ビートルート フォーム スープの場合は、ビーツ ジュースと野菜スープ パウダーを沸騰させます。次に生クリームを加え、塩、こしょうで味をととのえる。
2. ハンドブレンダーできれいな泡が立つまで泡立てます。スープボウルに分け、みじん切りにしたパセリを散らす。赤ビーツのスープが出されました。

69. 無塩野菜スープ

成分

- スライスした黄玉ねぎ 2 個
- みじん切りにしたにんにく 3 片
- にんじん 6 本（皮をむき、薄切り）
- スライスしたセロリの茎 4 本
- ディル 5 小枝
- パセリ 4 本
- ねぎ 4 本
- 10 カップの水

準備

1. 大きめの鍋に玉ねぎを入れて中火にかけ、香りが出るまで 1 分ほど炒める。にんにく、にんじん、セロリ、ディル、パセリ、ねぎを加え、ハーブの香りが出るまで約 1 分間煮込みます。
2. 水を加えて沸騰させます。火を弱め、鍋に蓋をして 45 分煮る。
3. 火を止めて 15 分ほど煮汁を冷ます。
4. ブロスをふるいでろ過し、氷のバケツに凍らせるか、すぐに使用する場合はガラス瓶に注ぎます. 1 週間ほど滞在する予定です。

70. りんご・にんじん・しょうがのスープ

材料

- 玉ねぎ 1 個（大）
- にんにく 2 かけ
- にんじん 250g
- ショウガの塊茎 1 個
- レモン（果汁） 1/2 個
- リンゴ 1 個
- 白ワイン（辛口） 125ml □ ベジタブルストック 500ml
- 菜種油 大さじ 1

□ 塩**準備**

1. りんご・にんじん・しょうがのスープは、玉ねぎ、にんにく、にんじん、しょうが、りんごの皮をむき、
小さく切り分ける。皮をむいたリンゴにレモン汁をまぶします。
2. 玉ねぎとにんにくを少量の油で軽く炒め、ワインで味をととのえ、野菜スープを注ぐ。次に、スープのニンジンを中火で柔らかくなるまで調理します。
3. りんごとしょうがを加えて 1〜2 分煮る。りんご・にんじん・しょうがのスープをピューレにし、塩で味を調えます。

ソースレシピ

71. トマトとバジルソースのニョッキ

材料

- 玉ねぎ 1 個
- オリーブオイル小さじ 1
- トマトピューレ 1 缶（400g）
- 塩コショウ
- ニョッキ 1 袋（完成品・生 500g）
- 水

- 塩
- パルメザンチーズ 20g

バジルの葉の準備 10 枚

1. トマトとバジルソースのニョッキは、玉ねぎを細かく刻む。玉ねぎのみじん切りをオリーブオイルで炒めます。トマトを上から注ぎ、塩こしょうで味を調え、数分間煮ます。
2. その間にニョッキをたっぷりの熱湯に入れ、袋の表示通りに茹で、水気を切る。
3. 深皿にニョッキを並べ、トマトソースをかけ、すりおろしたパルメザンチーズを添え、粗く摘んだバジルの葉を散らす。

72. バーベキューソース

□

材料

- 玉ねぎ 1 個
- にんにく 2 かけ
- ショウガの塊茎（小） 1 個
- 唐辛子 1～2 本
- タイム 2 枝
- ローズマリー 2 枝
- 小さじ 1 杯のコリアンダーシード（挽いたもの）
- 砂糖（ブラウン） 100g
- オレンジ 2 個（果汁）
- レモン（果汁） 1 個
- ウスターソース 大さじ 2

  トマトケチャップ（またはトマトピューレ） 500g
- タラゴンマスタード 大さじ 1
- パプリカパウダー（スモークまたはノーマル） 大さじ 1
- 塩
- コショウ

□ オリーブオイル**準備**

1. バーベキューソースは、まず玉ねぎ、にんにく、しょうがの皮をむき、唐辛子と一緒にフードプロセッサーで細かくペースト状にします。
2. 鍋にオリーブオイルを熱します。ペーストにスパイス、ハーブ、砂糖を加え、5 分間汗をかきます。オレンジとレモンの果汁で釉薬を少し減らします。
3. ケチャップ、マスタード、ウスターソース、パプリカパウダーを加えて弱火で 30 分ほど煮る。
4. BBQ ソースをふるいにかけ、塩、こしょうで味をととのえる。

□

73. 冷製ハーブソース

材料

- サワークリーム 200ml
- マヨネーズ 100g
- にんにく 1 かけ（細かく刻む）
- マスタード 小さじ 1
- きゅうり 50g
- チャイブ 大さじ 1（みじん切り）
- パセリ 大さじ 1（みじん切り）
- ルリヂサ 大さじ 1/2（きゅうりのみじん切り）
- ディル 大さじ 1/2（みじん切り）

- レモンバーム（みじん切り） 大さじ 1/2
- 1/2 大さじ ルストック (ロベージのみじん切り)
- タラゴン 大さじ 1/2（みじん切り）

塩

- シュガー
- 白胡椒の下ごしらえ

1.サワークリームとマヨネーズを混ぜる。きゅうりをおろし器ですりおろすか、非常に細かく刻みます（包丁で）。にんにくとマスタードを混ぜます。細かく刻んだハーブをすべて混ぜます。塩、砂糖、白こしょうで味を調える。

□

74.ローストポテトのグリーンソース添え

材料

- 料理用ハーブ 100g
- クォーク 125g
- ヨーグルト 1 カップ (脂肪分 1.5%)
- 調味塩
- コショウ
- じゃがいも 500g
- バター 大さじ 1
- 卵 2 個

準備

1. 必要に応じて、ハーブを洗い、乾かし、皮をむきます。いくつかのハーブをサービング用に取っておき、残りを細かく刻みます.
2. クワルクとヨーグルトを混ぜ、ハーブを加えます。ハーブソルトとコショウで味付けします。
3. じゃがいもを鍋に水を入れて沸騰させ、火が通るまで煮る。次に、皮をむいてスライスします。
4. フライパンにバターを熱し、じゃがいもを焼き色がつくまで焼く。
5. その間に、卵を鍋に水を入れてワックス状になるまで調理します。次に皮をむいて半分に切ります。
6. 2 枚のプレートにグリーンソースを広げ、その上に卵の半分を置き、その隣にフライドポテトを添えます. ハーブをまぶしてお召し上がりください。

75.ブリッツトマトソース

材料

- オリーブオイル 大さじ 1
- 玉ねぎ 1/4 個
- にんにく 1 かけ
- トマト 850g（角切り、缶詰）
- トマトペースト 大さじ 1
- バジル 1/2 小枝
- 塩
- コショウ（ミルから）の準備

1. まず玉ねぎとにんじんの皮をむき、みじん切りにします。

バジルをはがしてみじん切りにする。

2. 玉ねぎとにんにくをオリーブオイルで炒めます。トマトペーストを加え、トマトの上に注ぐ。
3. 約 15 分間煮て、トマトをほぐし、ソースを減らします.
4. ピースのないさらに細かいソースの場合、これを裏ごししたり、裏ごししたりできます。
5. ソースに塩、こしょう、バジルで味を調える。

76. かぼちゃソース

材料

- 玉ねぎ 1 かけ（中）
- 1 個。かぼちゃ（北海道小）
- 175 g フィラデルフィア (ハーブ、ダブル クリーム セッティング)
- ブランチ（ハーブ） 200g
- 太陽の門（アーマー）の準備

1. 玉ねぎは皮をむき、みじん切りにし、少量の油で炒める。かぼちゃは芯を取り、角切りにしてローストする。
2. 少量の水 (最大 125 ml) を注ぎ、軽く煮ます。
3. 柔らかいかぼちゃをポテトマッシャーでつぶし、クリームチーズを加え、塩、コショウ、ホット スパイス (できればチリも) で味付けします。
4. 必要に応じて、少量の牛乳で希釈してください。

77.フルーティーパプリカソース

材料

- ピーマン（赤） 2 個
- にんじん 1 本
- 肉トマト 1 個
- 玉ねぎ 1 個（小）
- リンゴ 1 個
- 小さじ 1/4 の塩
- 生姜 1 片（小）
- 水 200ml

- オレガノ
- ターメリック

準備

1. フルーティーなパプリカ ソースには、ピーマン、ニンジン、トマト、タマネギ、リンゴをカットします。水と一緒に鍋に香辛料としょうがを入れて蒸します。
2. ハンドブレンダーで滑らかになるまでピューレにしないでください。

78.野菜のトマトソース

材料

- トマト 2kg
- 100 g ゼラー (洗浄済み)
- 2 個 玉ねぎ
- リンゴ 3 個
- にんじん 3 本
- ハーブ 1 束
- オリーブオイル 大さじ 5
- ビーツ（小） 1 個

1. トマトソースは、トマトを熱湯で煮て皮をむきやすくします。

   皮をむいた後、半分に切り、トマトの内側をできるだけ取り除きます。

2. 他の野菜をみじん切りにし、オリーブオイルで炒め、トマトのスライスを加えて約 1 時間煮込みます.

3. 次に、スパイスブーケを取り出し（私はいつもタイム、オレガノ、セージ、ローズマリーを一緒に結びます）、ソースをピューレにします.

79. スペイン風トマトソース

材料

- トマト 5 個（完熟）
- 1 唐辛子 (種を取り、細かく刻む)
- にんにく 4 かけ（みじん切り）
- アーモンド 大さじ 3（粉）
- 2 cl シェリー (ドライ)
- 塩
- 砂糖小さじ 1
- オリーブオイル 1/8 リットル
- コショウ

準備

1. トマトソースの場合、トマトの皮をむき、さいの目切りにし、アーモンド、にんにく、唐辛子と一緒に細かくします。
2. オリーブオイルをゆっくりと混ぜ、トマトソースにシェリー酒、塩、コショウ、砂糖で味を調えます。

80. かぼちゃとココナッツのホットソース

材料

- 食用油 大さじ 1
- 玉ねぎ 1/2 個（みじん切り）
- かぼちゃ 500g（皮をむき、さいの目に切る）
- にんじん 1 本（大きめ、粗めにすりおろす）
- 根パセリ 1 本（根パセリ、粗みじん切り）
- 塊茎セロリ 1/4 個（粗くすりおろす）
- 味付け塩（例：ベジータ、好みで）
- 小さじ 1/2 のチリパウダー（コーティング済み）
- ココナッツミルク（無糖） 1 缶

1. 鍋に油を熱し、玉ねぎを炒める。
2. かぼちゃ、にんじん、パセリ、セロリを加えて焼きます。塩少々をふり、水 1 カップを加える。約 10 分間煮込みます。
3. 野菜が固くなったらすぐにチリパウダーをまぶし、ココナッツミルクをかけます。
4. 提供する前によくかき混ぜ、必要に応じて塩を加えてください。

81.レッドアップルソースとビーツ

成分

- 皮をむいていないりんご 2 カップ
- 骨なしチェリーまたはミックスベリー 1 カップ
- 皮をむいておろしたビーツ 1 カップ
- デーツペースト 大さじ 1
- 小さじ$\frac{1}{2}$シナモン
- 水 大さじ 2

準備

1. すべての材料を鍋に入れます。
2. 沸騰させ、リンゴとビートが柔らかくなるまで 10～15 分間調理します。
3. ポテトマッシャーで粉砕するか、フードプロセッサーで処理して、より滑らかな一貫性を保ちます.
4. 単独で提供するか、ハロウィーンのお菓子を飾るために使用してください。

82. クランベリーとオレンジのソース

成分

- オレンジの皮と果汁
- $\frac{1}{2}$カップのメープルシロップ
- 新鮮な赤いクランベリー 1 袋 (12 オンス - 340 g)
- 小さじ 1 杯のシナモン

準備

- 小鍋に材料を全て入れて沸騰させる。温度を下げて 15 分間、またはブルーベリーが破裂してソースがとろみ始めるまで煮込みます。
- ボウルに移し、冷めるまで少なくとも 1 時間冷蔵します。

83.クランベリーソース

成分

- りんごジュース 1/4（946ml）
- $\frac{1}{4}$カップ玄米シロップ
- $\frac{1}{4}$カップのメープルシロップ
- 寒天フレーク 大さじ 8
- 生の赤いクランベリー 3 カップ
- 小さじ 1 杯のシナモン
- レモン 1 個、レモン汁、すりおろした皮を使用
- 海塩 ひとつまみ（お好みで）

準備

- りんごジュースとライスシロップ、メープルシロップ、寒天フレークを 3 リットルのキャセロールでブレンドします。沸騰させて泡だて器で粉を薄めます。
- クランベリーとシナモンは温度が下がったら取り出します。ふたをして、クランベリーが柔らかくなるまで約 10 分間調理します。
- 火からおろし、レモン汁を加えて皮をむく。
- すべてをガラス容器または型に注ぎ、冷蔵庫に入れます。クランベリーソースが濃くなるまで 2 時間近くかかります.

84. スパイシートマトジャム

成分

- 半分に切ったグレープまたはチェリー トマト 4 カップ
- ピュアメープルシロップ$\frac{1}{4}$カップ
- みじん切りにしたにんにく 2 かけ
- 小さじ 1$\frac{1}{2}$クミン、またはお好みで
- 小さじ 1 杯のみじん切りの新鮮な赤唐辛子（オプション）
- 小さじ 1/2 の砕いた赤唐辛子またはお好みで

準備

1. 中程度の鍋で、半分に切ったトマトとメープルシロップを中弱火で混ぜます。時々かき混ぜながら、5 分間、またはトマトがジュースを放出し始めるまで、それらを調理します.
2. にんにく、クミン、しょうが、赤唐辛子（使用する場合）、砕いた赤唐辛子、海塩を加えます。鍋ですべてをよくかき混ぜて煮ます。弱火にして蓋をし、5～10 分おきにかき混ぜながら 30～35 分煮る。
3. ふたを取り、5～10 分煮て余分な水分を少し抜きます。混合物を火から下ろし、冷まします。気密性のある瓶に移し、冷蔵庫で最大 1 週間保管します。

85. ビーガンタルタルソース

材料

- 豆乳 50ml
- なたね油 100ml
- 小さじ 1/2 のレモン汁
- マスタード 小さじ 2
- ピクルス 30 グラム
- ケッパー 20g
- パセリ 大さじ 1（みじん切り）
- 砂糖小さじ 1

- 塩
- コショウ

準備

1. タルタルソースはピクルスとケッパーを細かく刻む。豆乳、オイル、レモン汁をブレンダージャーに注ぎます。クリーム状になるまでハンドブレンダーで混ぜます（約 30 秒）。
2. クリームにピクルス、ケッパー、マスタード、パセリ、砂糖、コショウを混ぜます。塩と砂糖を加えて味を調えます。タルタルソースは焼いたキノコとよく合います。

おかずとメインディッシュ

86. ブロッコリーブリトー

成分

- ブロッコリー 1 束（約 2 カップ）
- ひよこ豆 425 g (15 オンス) 1 缶
- ローストした赤ピーマン 1/2 カップ
- レモン汁 大さじ 3
- 6 トルティーヤ (小麦粉またはグルテンフリー)
- ソース 大さじ 6（お好みで）

準備

1. ブロッコリーをコサージュに切るか割る。茎は皮をむき、厚さ 1.2cm の輪切りにする。柔らかくなるまで約 5 分間、沸騰したお湯で蒸します。
2. ひよこ豆の水気を切り、ピーマンとレモン汁と一緒にフードプロセッサーに入れます。塊がなくなるまで処理します。
3. ひよこ豆の混合物の約 1/4 カップをオムレツに広げ、大きな熱い鍋に上向きに置きます．トルティーヤを柔らかくなるまで約 2 分間加熱します。
4. トルティーヤの中央に調理済みのブロッコリーを一列に広げ、その上に少量のソースを注ぎます。トルティーヤの底を上に折り、片側からブロッコリーの周りにトルティーヤを転がします。残りのトルティーヤで手順 3 と 4 を繰り返します。

87. 茄子ときのこのピーナッツ和え

ソース

成分

- なす 1 個
- 黄玉ねぎ 1 個
- 12 オンス (340 g) のキノコ (白、クレミニまたは小) 1
  パック
  ポルトベロ)
- ½カップ野菜ストックまたは水
- お好みで海塩（お好みで）

ソース用

- ⅓カップの天然ピーナッツバター
- ¼カップの水または低ナトリウム野菜ストック
- アガベシロップ 小さじ 1
- 減塩しょうゆ 大さじ 1（グルテン過敏症の方は小麦不使用のしょうゆをお使いください）
- バルサミコ酢 大さじ 1

準備

1. なすを約 2.5cm 角に切り、たっぷりの塩水に 15 分浸します。その間に玉ねぎを薄切りにし、きのこを 4 つに割る。水で、玉ねぎがしんなりするまで炒めます。茄子は洗って水気を切る。ナスとマッシュルームをナスからの浸漬液で鍋に戻します。ふたをしてなすが柔らかくなるまで煮ます（5～10 分）。7
2. なめらかなクリーム状になったら、アガベシロップ、醤油、酢を取り除き、ダマがなくなるまで混ぜます。
3. ソテーした野菜の上に鍋のソースを添えます。弱火で煮て、ソースがとろみがつくまでかき混ぜ、野菜を 1～2 分覆います。温かいご飯と蒸し豆、またはその他の緑の野菜をピックで提供します。

88. ブロッコリーと松の実のフェットチーネ

成分

- 1 ポンドのブロッコリー
- 8 オンスのフェットチーネ（グルテンに敏感な場合はグルテンフリーのパスタを使用してください）
- さいの目に切った大きなトマト 4 個 (または 28 オンスまたは 794 グラムの刻んだトマトの缶)
- 松の実 大さじ 2
- にんにく大 4 片（みじん切り）
- 小さじ 1/4 の塩（オプション）

- 小さじ **1/4** の赤唐辛子フレーク (またはカイエン ひとつまみ)

準備

- ブロッコリーはコサージュに分割またはカットします。茎の皮をむき、スライスします。ブロッコリーが柔らかくなるまで約 **5** 分間蒸します。
- パスタを柔らかくなるまで茹でます。素早く流してすすぐ。
- パスタを茹でている間に、にんにく、赤唐辛子フレークまたはカイエン、松の実を水で **1** 分間ソテーします。トマトを加えて中火で **7** 分煮る。ブロッコリーを追加します。
- 大きな皿にペーストを広げ、ソースをかぶせます。すぐに奉仕します。

89. 全粒粉と黒のピザ生地

豆

成分

- 黒豆 3/4 カップ (約 15 オンス缶の半分または 425 g)
- 水 1/3 カップ
- 1/2 カップの温水
- 砂糖 小さじ 1/4
- イースト小さじ 2¼
- パン粉 1½カップ
- 小麦粉 1 カップ
- 小さじ 1/2 の塩（お好みで）

準備

1. 豆をすすぎ、水気を切り、1/3 カップの水を入れたブレンダーまたはフードプロセッサーで塊がなくなるまでピューレ状にします。必要に応じて水を追加します (一度に大さじ 1 を増やします)。
2. お湯、砂糖、イースト、豆のピューレを一緒に混ぜます。
3. 小麦粉と塩を混ぜ合わせ、酵母の混合物にゆっくりと加えます (パン焼き機を使用しない場合は、小麦粉の混合物を加えながらかき混ぜます)。
4. 生地に弾力が出るまでこね、発酵させてから、少なくとも 1 時間は蓋をします。
5. ピザ生地を、油を塗っていない、軽く油を塗った天板に成形します。
6. 形成された生地の上に材料とソースまたはソースを置きます。
7. 20 分間（または材料が調理されるまで）焼きます。

90. にんにくほうれん草

成分

- 新鮮なほうれん草 1 束
- にんにく 3 片
- 小さじ 1 酢
- ソテーする水または減塩野菜ブイヨン

準備

- ほうれん草を洗います。

- にんにくの皮をむき、みじん切りにします。
- にんにくを水または野菜スープで中火で柔らかくなるまで炒めます。
- ほうれん草を熱したフライパンに加えます。ほうれん草をトングを使って、すべてがかろうじて枯れるまで回します。
- 酢と黒コショウをふりかけてお召し上がりください。

91.さつまいも！

成分

- 山芋またはサツマイモ 2～3 本（赤い山芋はとてもカラフルな料理になります）
- りんご 2～3 個
- ジャムまたはスプレッド フルーツ（100% フルーツ、無糖、ピーチ、オレンジ、パイナップル） 大さじ 1 杯
- オレンジジュース $\frac{1}{2}$カップ

準備

1. オーブンを 300 ～ 350 °F (177 ° C) に予熱します。
2. さつまいも、りんごは皮をむき、薄くスライスする。

3. 広げやすいフルーツとオレンジジュースを混ぜます。
4. サツマイモとりんごを天板に並べます。
5. サツマイモとリンゴの上にオレンジ色の混合物を注ぎ、蓋またはアルミで覆います.
6. 350°F（177°C）で 45 分間焼きます。
7. サツマイモはフォークで簡単に穴が開いたらできあがりです。

92.ガーリックマッシュポテト

成分

- 中くらいの赤じゃがいも 8 個
- 黒こしょう 小さじ½
- 新鮮なニンニク 10～12 片
- ポテトウォーター 1～2 カップ
- 無糖牛乳 1 カップ
- ソテーする水または減塩野菜ブイヨン
- 塩またはこしょうで味を調える（お好みで）

準備

1. じゃがいもは 8 等分に切る（皮は残す）。
2. 水で覆い、柔らかくなるまで中火で約 15 分間沸騰させます.
3. にんにくの皮をむき、つぶしてみじん切りにします。
4. にんにくを水または野菜スープを入れた小鍋で柔らかくなるまで炒めます。脇に置きます。
5. 茹でたじゃがいもをボウルにあけ、水分をとります。
6. 手動粉砕機または電動ミキサーを使用して、じゃがいもを粉砕します。じゃがいもから出た水を 1 カップ加え、塩、こしょう、ソテーしたにんにくを加えます。
7. 必要に応じて、じゃがいもまたは牛乳から水を加えて、クリーミーな粘り気を出します。
8. マッシュをすぐに提供するか、食べる準備ができるまで蓋をした熱いオーブンに入れておきます.

93.焼き芋の詰め物

成分

- ラセットポテトまたはユーコンポテト (黄色いポテト) 2個、それぞれ約 8 オンス (227 g)
- ミルクなし、シンプル、甘味料なしの 1/3 カップのミルク
- オイルフリーのフムス 大さじ 4
- 1 カップ 調理してみじん切りにした野菜（玉ねぎ、ブロッコリー、カリフラワーなど）

- ホットソース 小さじ$\frac{1}{2}$
- コーシャーソルト 小さじ$\frac{1}{2}$（お好みで）

準備

1. オーブンを 300 ～ 375 °F (190 ° C) に予熱します。じゃがいもをよく洗い、焼く過程で煙が逃げるように、フォークまたはナイフを数回挿入して、焼く準備をします。
2. 約 1 時間、またはフォークを差し込んで柔らかくなるまで焼きます。オーブンから取り出し、触れるくらいに冷めるまで休ませます。じゃがいもを縦に切る。
3. じゃがいもの中身をスプーンでくりぬき、皮をつぶさないようにボウルに入れる。じゃがいもを支えるために、端を少し残しておきます。
4. 準備したジャガイモの皮を天板に置きます。
5. ボウルにじゃがいもの中身と残りの材料を入れてよく混ぜ合わせます。それぞれの半分が丸くなり、ほとんど溢れ出るまで、混合物をジャガイモの皮に均等に注ぎます. それらをオーブンに戻し、約 15 分間、熱くなるまで焼きます。オーブンから取り出し、すぐにお召し上がりください。

94. カレーライス

成分

- 玉ねぎのみじん切り 1 個
- 炊いた玄米 5～6 カップ
- 小さじ 2 杯のカレー粉
- 16 オンス (454 g) の冷凍エンドウ豆とニンジン 1 パック、蒸して水気を切る
- 塩（お好みで）、こしょうで味を調える
- レーズン 1/4 カップ

- 生、切り身、トーストしたアーモンド $\frac{1}{4}$ カップ

準備

1. 焦げ付き防止のフライパンでスライスした玉ねぎをきつね色になるまで炒めます。玉ねぎが鍋にくっつかないように、必要に応じて少量の水を加えます。
2. 炊き上がった玄米、カレー粉、蒸したえんどう豆、にんじんをゴールデンオニオンに加えます。それらをうまく組み合わせる。
3. 塩（お好みで）、こしょうで味を調える。カレーライスのコンビネーションにレーズンとアーモンドを混ぜて、すぐにお召し上がりください。

95.マッシュポテト

成分

- 3 ポンドのジャガイモ、赤と黄色の混合物（ユーコンゴールド）
- パセリ ½握り
- ニュートリショナルイースト ¼カップ
- 黒こしょう 小さじ½
- 天然アーモンドミルク 2 カップ
- オニオンパウダー 大さじ½
- にんにく 小さじ 1

準備

1. じゃがいもを洗って、ほぼ同じ大きさに切ります。それらを大きな鍋に入れ、水で覆い、柔らかくなるまで 7～10 分間沸騰させます. その間にパセリを洗って切る。
2. じゃがいもをナイフでチェックします。準備ができたら、それらの間をスライドする必要があります。それらを排出します。フェイシャルスチームをお楽しみください。
3. じゃがいもを再び鍋に入れます。それらを蒸らして、液体の一部を放出させます。残りの材料を加えます: パセリ、アーモンド ミルク、ニュートリショナル イースト、塩、コショウ、オニオン パウダー、粒状のニンニク。ポテトプレスを使用して、すべてを一緒に粉砕します。もろみで味付けを調整してみてください。

96.伝統的な詰め物

成分

- ½カップの野菜スープ
- 減塩醤油またはたまり 大さじ 1
- グルテンフリーまたは全粒粉パン 4 カップ
- 玉ねぎのみじん切り½カップ
- 刻んだセロリ 1 カップ
- ニュートリショナルイースト 大さじ 1
- 鳥の調味料 小さじ½
- 小さじ½ガーリックパウダー
- 乾燥パセリ 小さじ½

準備

1. オーブンを華氏 350 度に予熱します。
2. 小さなボウルに、ソイルフラックスシードと水を混ぜ、10 分間置いておきます。
3. 大きなボウルで、すべての乾燥成分を混ぜ合わせます。
4. りんごを薄くスライスして容器に入れます。
5. かぼちゃのピューレ、バニラエッセンス、水ベースの亜麻仁、りんごのナツメヤシのペーストを加えてよく混ぜます。
6. 乾燥成分を合わせて、リンゴとよく混ぜます。混合物が乾燥しすぎる傾向がある場合は、水を追加します。
7. 適切なグラタン皿に混合物を入れ、30～35 分間焼きます。

97.キノアピラフの詰め物

成分

- 小さじ 1/2 のセージ
- タイム 小さじ 1
- ローズマリー 小さじ 1
- ½カップのワイルドライス
- キヌア 1.5 カップ
- 玄米またはライスミックス 1 カップ
- 絞りたてのオレンジジュース ½カップ
- 野菜ストック 2½カップ
- 海塩 ½
- すりおろしたにんじん 1 カップ

- ザクロの種 1 カップ（お好みで）
- グーズベリー 1 カップ（お好みで）

準備

1. 鍋を中火にかけます。
2. 鍋に調味料を入れて 30 秒ほど炒めます。
3. ワイルド ライス、キヌア、玄米を加えて 1 分間かき混ぜます。
4. オレンジジュース、野菜スープ、海塩を加えてよくかき混ぜます。
5. 沸騰したら蓋をして弱めの中火にし、45 分煮る。
6. 火からおろし、ニンジンとフルーツを加えてサーブします。

98.ほうれん草と野菜のクイックパン

材料

- ほうれん草の葉（生） 1000g
- フェンネルの塊茎 1 個
- ピーマン（赤） 1 個
- チェリートマト 200g
- 玉ねぎ（赤） 1 個
- にんにく 2〜3 片
- 松の実 1 握り
- オリーブオイル（エキストラバージン）
- 塩

□ コショウ**準備**

1. ほうれん草と野菜の簡単な鍋の場合は、野菜を洗い、ほうれん草を選別します。

   玉ねぎとにんにくの皮をむきます。フェンネルとタマネギを切る。パプリカはヘタと種を取り除き、小口切りにする。にんにくをみじん切りにします。

2. オリーブオイルを熱し、玉ねぎを炒め、フェンネル、にんにく、ピーマン、トマトを加えて炒める。新鮮なほうれん草を加えてつぶします。予備のフライパンで松の実を油抜きで香ばしい香りがするまでローストし、ほうれん草と野菜のフライパンに散らします。

99. スペルトライスとニンジンのシチュー

材料□ スペ

ルトライス

200g

- 水 475ml
- 黄カブ 1 個
- にんじん 1 本
- セロリの塊茎 1 個
- セロリ 2 本
- エシャロット 2 個
- にんにく 2 かけ
- タイムの小枝 4 本
- レモン 1 個
- ひまわり油 大さじ 3
- 塩

□ コショウ**準備**

1. 野菜、エシャロット、にんにくの皮をむき、小さな立方体に切り、セロリの茎から葉を脇に置きます。レモンの皮をこすり、果汁を絞る
2. 野菜の部分と皮をむき、500ml の水で沸騰させ、塩で味を調え、約 3 分煮る。10 分。次に、ふるいにかけて空にし、シチューの野菜スープとして使用します。

3. 野菜スープにスペルトライスを入れて沸騰させ、弱火で20～25 分煮て、水気を切り（スープをとります）、取っておきます。
4. 大きめの鍋にひまわり油を熱し、野菜をタイムと一緒に色が変わらないようにじっくり炒める。残りの野菜スープを入れて弱火で柔らかくなるまで煮る。
5. 調理した野菜とスペルトライスを混ぜ合わせ、レモン汁、塩、こしょうで味を調えます。
6. シチューを深皿に並べ、レモンの皮とセロリの葉を添えます。

100. えんどう豆のグリーンポテトカレー

材料

- じゃがいも 700g
- えんどう豆（冷凍） 250g ココナッツミルク 800ml
- タイのグリーンカレーペースト 大さじ 2～3
- レモングラス 2 本
- ケフィアライムの葉 2 枚
- コリアンダー 1 束（生）
- 唐辛子（青） 1 本
- ライム（オーガニック） 1 個

□ 塩**準備**

1. エンドウ豆のグリーン ポテト カレーの場合は、グリーン カレー ペーストをココナッツ ミルクで沸騰させ、数回かき混ぜて濃厚でクリーミーなソースを作ります。
2. じゃがいもは皮をむき、1 等分くらいに切る。1cm の立方体。
3. レモングラスに含まれるエッセンシャル オイルが抜けやすくなるように、レモングラスを絞ってください。
4. じゃがいもをカレーソースでレモングラスとライムテンの葉と一緒に柔らかくなるまで蒸します。調理時間が終わる直前にえんどう豆を加えてさっと煮る。カレーにジュースと少量のライムと塩で味付けします。ライムの葉とレモングラスを取り除きます。
5. コリアンダーの葉を洗って摘み取り、カレーと混ぜます。グリーン ポテト カレーに、バスマティ ライスを添えた熱々のエンドウ豆を添えます。

結論

一晩で食生活を変える人はいません。体と心は変化に適応する時間が必要です。試してみたい場合は、植物ベースの食事の基準に従うオプションを実装する日を選択することから始め、徐々に日を増やします.

CPSIA information can be obtained
at www.ICGtesting.com
Printed in the USA
LVHW081243101122
732762LV00009B/551

9 781837 628452